Ñuórk!

Élitro Editorial del Proyecto Zompopos
New York – New Hampshire

Ñuórk!

Claudio Iván Remeseira

Ñuórk!

A Mark Weiss
(1943 - 2022)

Índice de secciones

Prefacio

Comencé a escribir este libro en los primeros días de mi llegada a Nueva York, en el otoño septentrional del 2001. Lo escribí bajo la sombra derribada de las Torres Gemelas; lo terminé tres años después. En los años sucesivos retoqué alguna que otra palabra, pero esencialmente es un libro de comienzos de este siglo. Es, por lo tanto, un libro que pertenece a una ciudad que ya no existe, a un tiempo pretérito, anterior al covid y a las hipérboles de psuedorealidad proliferadas por la multiplicidad de pantallas omnipresentes, y sin embargo fundante de este ahora cambiante y peligroso, y de lo que vendrá.

Nació como un poema. Podría haber sido un libro fáctico, o una novela. Es, tal vez, un ensayo en verso. Bildungsroman tardío de un hombre que a los 40 renació.

En su estertórea fragmentariedad, el verso era la forma más natural, más propicia a la dactilografía de sensaciones, emociones e ideas que estallaban a cada paso en mi mente ante el estímulo sinestésico de la Gran Granada, esquirlas de dulzor amargo que se abre siempre por primera vez a cada caminante que llega a su orilla. Orilla que es precipicio, altura y latitud universal, ciudad idem, rapsódica, y por el contrario, barrio reo y prosaico. Unicidad irrepetible de la primera ciudad moderna. Hoy que ya vivimos en el pasado de ese futuro proclamado por los rascacielos, Nueva York sigue siendo la primera ciudad moderna.

Es también una ciudad mundial, donde se cruzan las voces de todos los puntos del planeta. Hay otras, cada vez más, masivamente asiáticas; pero esta propagación, contra la ley de Gresham, no disminuye su precio. Es también única para quienes hablamos español porque no hay otra ciudad en todo el ancho y ajeno mundo—salvo París— que podamos proclamar como propia.

El protagonista ostensible de este poema es el Yo putativo de Walt Whitman; su protagonista real, eso espero, es el lenguaje. De ahí su título—onomatopéyico, irruptivo, mestizo—, variación neológica que quiere encapsular ese propósito. Este bildungsroman en verso es testimonio o residuo de mi aprendizaje del español local, ese animal anglohispánico que a través del hip-hop, la bachata y el trap latino (otras progenies neoyorquinas) ha mestizado el castellano internacional, y las diversas cruzas de esa lengua neológica con la poesía en español, desde el cantar de gesta hasta la gesta contada de un Kozer y demás; aprendizaje también de la poesía en inglés, desde el citado Whitman hasta la ínsita Susan Howe, poetas metabolizados en la trama de mi poema, escondidos a plena luz del día.

Si todo poema—si toda literatura—es una cosa hecha de palabras, esta es una cosa un poco arcaica ya, o empezando a serla, fechable en sus omisiones y explicitaciones, pero soldada irreparablemente al paisaje de Nueva York, como esos puentes intransitados de la periferia, rastros constructivos que se obstinan en no desaparecer o remodelarse, como gritos sólidos, calcificados, de ese monstruo en perpetua transmutación que es la urbe, que somos nosotros, nuestras palabras y nuestra espera al lado del río que es un estuario que no cesa de fluir de uno al otro extremo.

En su primera versión, el poemario que ahora se desnuda ante ustedes era mucho más grueso. La primera persona a quien di a leer ese poemario original fue alguien en cuyo juicio confiaba sin reparos, el poeta y traductor Mark Weiss. Todos quienes han tratado con Mark—que son multitud, como pudimos comprobar el triste día de su servicio memorial —subrayan que era un lector minucioso y generoso de la poesía ajena. Minuciosidad de lectura y generosidad en la crítica y el estímulo son las cualidades inconfundibles de los mentores y de los auténticos maestros. Compartiendo unas cervezas un mediodía de junio o julio en un restaurantito de Hamilton Heights que supo llamarse—premonitorio vértigo metafórico—El Toro Partido, Mark desplegó esas cualidades sobre mi trabajo, con virtuosismo extremo. Había leído mis poemas con la pasmosa atención que sólo los grandes de verdad dedican a la obra de los desconocidos. Destacó aciertos y despeñó fallidos a la Gehena de las buenas intenciones con la serenidad de un observador salomónico. Y, sobre todo, me hizo una recomendación fundamental: dividir ese largo manuscrito en dos libros, cada uno más compacto y efectivo que el aluvional conjunto primigenio. Este es el primero de esos libros, que con el segundo (la otra parte del manuscrito) y un tercero que no pertenece a aquel conjunto pero sí a la misma época de redacción, constituyen mi tríptico neoyorquino. Es justo decir entonces que este libro nació bajo el calor vertical del verano de Manhattan, alumbrado por la palabra de Mark, Méntor y Virgilio de mis derivas poéticas.

Antes de despedirnos, y como corolario de su crítica, Mark me regaló el elogio más grande: me alentó a publicar. Es por todo esto que, en muestra de gratitud y homenaje, dedico este libro a

MARK WEISS
poeta americano.

1.

En esta isla de millones de islas
bajo el cielo invertido de las pirámides
desterrado de mí mismo
mortal—inacabado—solo
perdido en mi infinitud
camino, huelo, oigo,
atento a cada interjección de la luz, a cada roce de voz
entre las multitudes transoceánicas.

Horno, fetal gerundio
superlativamente asciendo hasta mis raíces
me escucho en el eco de las cacofonías
hundido, fundido en la masa sin nombre
en el río de rostros del subterráneo.

En tu flujo me hundo y me completo
me crecen ramas de todas las latitudes de tu cuerpo,
selva de pronunciamientos bifurcados.
En espejos de carne toco mi propia carne
aspiro el mismo oxígeno, me envuelve el mismo aire
la misma animal singladura
de todas las generaciones
de todos los desterrenamientos
sin piso ni subsuelo ni horizonte.
Y saltando con mi única pierna entre los muertos
memoro ayeres improbables
aprendo de nuevo a hablar, barrunto zetayedarios
columna de humo expirando
entre dos silencios.

Fuego que me arde y me perfecta

entre la música y la imagen
la historia y la metáfora
el hecho y las palabras
el aire masticado y el sentido
el orden y la disolución.

2.

Yo, señores,
soy de Buenos Ayres.
Y esto es todo cuanto diré de mí
porque no soy más que un eco de las estrellas.

Se agobia en siglos miopes esa alusión bicorne
clavada en el embudo del océano,
altavoz de perennes desencuentros,
las puertas de la tierra.

El agua que te nutre me atraviesa,
pormenor metalífero de las genealogías, aluvión
de sangre y agua y barro y sedimentos
que la lluvia engendró del cerro altivo;
en tu turbia corriente se refracta
mi arpegio celular, el trino multiforme
de las aves que nadan en mis venas.

Qué me importan los desaires
con que me trata la suerte
He nacido en Buenos Aires
al lado de un león inmóvil

Jordán perdido

Ñuórk!

en un sueño de Césares
comido por un indio
Montañas de plata
deshaciéndose en espejos huidizos
sin ruido y con furor hacia el encuentro
de la llanura líquida, infinita
estuariosa cochambre
figmento lúdrico de las equivocaciones
multipliciéndose acerbicadamente
regedendrándose entre frementaciones
Argentino hasta la muerte

De barro somos y al barro volveremos
y seremos millones
en una roca con palmeras a la deriva

El lodo y el esquisto conjugados
(continentes que migran)
masas y corrientes declinándose
(*gens gentis*)
por las edades y el espacio,
y esta irrisoria partícula flotando
en el océano de las eras.

Del puerto de mi propia soledad partí,
salvaje sudamericano. Yo soy mi patria.
Traigo en mi sombra la herencia del universo,
cornucopia asteroideal hecha tejido y nervio,
cayendo furiosamente de perfil
sobre los renglones puritanos del día.

Naufragado contra la cornisa del mundo
Babel o Leviatán o Polifemo
soy vos y soy yo, demócrata Walt Whitman,
panadero de lenguas,

Claudio Iván Remeseira

vástago degenerado de los conquistadores.
Del español brutal y el italiano astuto
traigo sólo el nombre:
no bautizo mares ni educo ríos,
gasto en huir la energía antigua de mis células,
me arrastro sobre tus consonantes bárbaras,
mendigo las sobras de tu pan
y prolongo el grito del judío errante
en la noche exigua de tus borracherías.

Con mano torva apunto rectamente
el dictado del dios que me encomienda
hablar, por más que con un dedo
quiera tu culo silenciar su pedo.

Me empapa, me aturde, me emputece
este vector de soles arrasados:
el graznido busca tu cogote, cuervo,
la leche pifia tu agujero, cuerva.
De mi garganta gárgaras pusientas
a borbotón se espuman y me tragan.

Ya me sumerjo entre mi propia baba
los ojos naufragando lentamente
en el magma vocal que se derrama
inundación de rabia y de impotencia.

Sólo mi voz me queda:
la punta de la lengua la clavo
contra la cornisa del paladar
y empujo el viento de mis fuelles
hasta tocar tu aliento.
Carreteo de palomas rotas,
temblor que envuelve mi cabeza,
resonando, amplificando, perforando el aire.

4

Ñuórk!

Nadie aprendió aún a pronunciar mi nombre:
en el arbusto ardido del desierto, una marea de gusanos
muere sin alcanzar la primera letra.
Pero la vida
es eterna, sólo se mide bien
por generaciones.

Quema quema quema
La polilla muere sin saberlo
Enajenada por tu brillo

Un viento enorme nos tiró sobre tu arena hirviente,
nos exprime los huesos, nos aleja. La intemperie es feroz
si los padres lloran a sus hijos; pero yo estoy huérfano
y me engendro a mí mismo: metonimia
de inversos sedimientos
emerjo de todos los subsuelos
crezco a los tumbos sobre la tierra abierta
me extiendo hasta alcanzar mi altura
longitudinal sobre tu brasa
y en neblinas de abulia incubo
la semilla de tu asalto.

Qué me importan los desaires:
masturbando mi larga penitencia
flores de semen me echará tu asfalto.

3.

Instrucciones para Leer este Párrafo:
a) cerrar los ojos;
b) aspirar suavemente por la nariz;

c) retener la respiración unos segundos;
d) abrir la boca;
e) soltar lentamente la respiración por la boca;

ahora darle sonido:

ahhhhhhhhhhhhhhhhhhhhhhhhhhhhhhhhhhhhhhhhhhhhhhhhhhhhhhhh
hhhhhhhhhhhhhhhhhhhhhhhhhhhhhhhhhhhhhhhhhhhhhhhhhhhhhhhhhh
hhhhhhhhhhhhhhhhhhhhhhhhhhhhhhhhhhhhhhhh

dejar salir la voz
hasta acabar el aire

"El que respira bien, canta bien."

aspiro y espiro
y creo al mundo.

4.

Améeeeeeeeeeeeeeeeeeeeeeeeeeeeeeeeeeeeeeeeeeeeeeeerrrrikáah
Amrrrrrrrrrrrrrrrrrrrrrrrrrrrrrrrrrrrrrrrrkáah
Aaaaaaaaaaaaaaaaaaaaaaaaaaaammmmmmmmmmmmmmmmm

En el prrincipio erra AméRRRika

amerricanos amarrocados en el morroco
morrocutuno morruno marrano
cachila yega montando un burro
siamo tutti stranieri

Ñuórk!

y un pájaro voló sobre la espuma

                            aleteando las sombras

ammmmmmmmmmmmmmmmmmmmmmmmmmmmmmmmmmmmmmmmmmm
mmmmmeeeeeeeeeeeeeeeeeeeeeeeeeeeeeeeeeeeeeeeeeeeeeeeeeeeeeeerrrrrrrrrrrrr
rrrrrrriiiiiiiiiiiiiiiiiiiiiiiiiiiiiiiiiiiiiiiiiiiiiiiiiiiiiiiiiiiiiiiiiiiiiiiiiiiiiiiiiiiiiiikaaa

En el principio de todos los principios
fue un sueño violado por un toro

                  lA bocA AbiertA

atravesando espejos en la noche.

aaaaammmmmmmmmmmmmmmmmmmmmmmmmmmmmmmmmmmmmm
mmmmmmmmmmmmmmmmmmmmmmmmmmmmmmmmmmmmmmmmmm
mmmmmmmmmmmmmmmmmmmmmmmmmmmmmmmmmmmmmmmmmm

Cero supremo
cuánto amor del uno por volverse dos
derramándose a la sombra del tres.
Estrategias del cuatro
retorsiendo el vervo
Ensimismándome dije y mi lengua aromática y mi voz lumínica
agregando, sacando, permutando
extravertiéndome en mi oculto nombre
seiscientasmilhiladasdecontinuoletras. Punto.

De la nada voy
hacia la nada vengo
incoactivo

cuando la tiza el pizarrón chirría en blanco,
escribe la maestra sobre
y se nos enrosca la lengua.

Haber niñitos:
el brazo de la a alcanza
la cima del renglón y
baja
rodea al vientre original
(bostezo
o asombro;
continente
de toda íncuba uterancia)
el palo baja vertical
y la cola se levanta
apuntando para arriba.
Palotes y redondeles
apareándose fraternos
sobre la hoja en blanco

Si la inambigua letra
desenroscándose
por la floresta del sentido
de las innumerables copulaciones
de los miembros de la oración
nominando el mundo físico
y los códices de la ley
y el espíritu
haciendo o deshaciendo
plurales caminos ramificados
germinándose
del número primo vocal
sin la maestra que nos lleve
de la mano

En llegando siempre al punto
nebuloso
de partida
cayéndonos
contra el pizarrón
recitando de memoria el alfabeto
raso de la historia.

5.

AMÉrICA encubierta:
El catalejo, no el ojo
La refracción, no el reflejo
La bruma, no el foco.

Renacidos hombres contemplando absortos
el brillo de su propia imagen
espejo de otros ojos auscultando
profecías encarnadas.

Amnesicanos
Marcados por una letra roja en la frente
con la equivocación original

Ricanos vespusientos
almirante contralmirante brigadier general
obreros ejecutivos artistas lavanderas
rejuntados, adversadamente pensivos
adanes y evas de cotillón
naciendo siempre por primera vez

Rejunte de todos los intentos

Claudio Iván Remeseira

empezando al revés,
siempre.

> Avanzo hacia la Nada
> Soy el Todo
> Gestándose asimismo.

En el principio fue el final
duplicando nombres familiares
sobre la tierra incierta
promesa del día eterno
electrizando las piernas y los ojos.

Promesa del día eterno
Dorados Juvencias siemprevivas flotando
en las paredes húmedas de tu pieza

esta tabula rasa

> los puros productos de América
> sin cuerda

> Elsita querida bajá la música

rectángulo de los cuerpos
cayéndose de pie
en el vacío.

6.

```
U    n    a
l  í  n  e  a
r   e   c   t   a
e n c u a d r a
e              l
s e n ti d o
p r o l i f e ra
v  e  rt i c a l
```

pero las palabras están   sobadas

   desarreglan el marco
 de las hojas

                       oscurecen

       os bordes íbridos do almácigo

              a supuesta pulcritud del lineaje

       impuro círculo.

                       elójo
                 persingado
                a la lengua

de
le
tre
and
om
e

Claudio Iván Remeseira

fuegos negros
sobre fuego blanco
columna liminal
del resplandor vacío
26 x 26 n+1
permutaciones

Qué hace el ojo cuando ve el paisaje: algo
tan distinto como una foto, un cuadro en la pared
puntos rayas círculos volutas
la caña recortada del artista
que traiciona a la mano
traduciendo el agua, las nubes, el terreno
trazos en la hoja
o discontinuidades de la línea
contenidas en los intervalos de la luz,
la goma estresando el blanco,
música abstracta del negro;
y la hoja de calcar superpuesta
de las generalidades de la memoria,
visiando las palabras
el espacio blanco del ojo
en las agrimensuras de la descripción
o las permutaciones de la historia
extraviando la limpia otredad
de la cosa en sí

Porqueel   E   S   P   A   C   I   O   nos genera.

el espacio es un marco en el que nosotros nos mapeamos en   HWLe

ergo

Ñuórk!

qué sería el vacío sin los rectángulos
qué sería la línea sin el marco
qué sería la historia sin los banquitos

ergo

empiezo en cualquier puerta
porque el tiempo es una función del papel
las líneas sucesorias
entre el límite del bosque y el límite del mar
puritanamente
regenerándose
melódicamente

interrumpiéndome la historia
abriéndome paso entre el humo   el ruido
de la sangre   las batallas   las letras de cambio
trayéndome de la mano de mamá
allí
yo el sinijos
reprocreándome fabulatorio

                                                                                ergo

y como quien no quiere la cosa ni puede otra
perdidos en el espacio
gestándome performativamente informe
en el blanco del ojo
porqué no

solito

porque sí

Claudio Iván Remeseira

            me exploro
            continente.

Yo la veía a mi abuela
meter el fierrito de punta en la tierra
abrirse húmeda, sin resistencia
en su feracidad de vulva
antes de poner al final de la línea
el punto compendioso de la semilla,
la marca del ombligo.
Ella nunca dejó de cultivar su huerta
hasta que papá vendió la casa en el 82
y se mudaron a un dos ambientes en Las Cañitas

la línea cardinal de la historia es. Uno de los primeros developers, Robert
Cushman, le habló así a sus prospective clients en la old country:
esta   tierra   está   vacía.misladrillos.El
Mal Que Aqueja A Los Estados Unidos Es La Extensión
eldesiertolarodeaportodaspartes (Sarmiento caminando por Broadway, va
a comprarse un mapa) Her grandgrandfather was apache ¿O eran
ranqueles? Por eso le dieron cuerda a los relojes, llamaron a la Ley para
que nos pusiera a todos en fila. Mañana vamos al zoológico, el gorila está
tan solito en la jaula. Entonces la frontera terminó acabándose y hoy no
sabemos dónde. La tierra es tan grande, está tan mentira. Pero las leyes
del mercado subvirtiendo secretamente las ordenanzas, los sistemas caen
allá donde su masa lo determina. Y entonces Cushman dijo

shhhhhhhhhhhhh

                        y cayóse

14

Ñuórk!

h h h h h h h h

N-S-E-O

1 2 3 4 5 6 7 8 9 ∞

silencio sucedáneo de las habitaciones

Borradura criminal del pasado. The Land Ordinance estableció que los nuevos territorios serán demarcados in orderly fashion de la siguiente modo: los agrimensores dividieron la tierra en townships de seis millas cuadradas rexpetivamente, y cada township, 36 secciones de milla cuadrada también. la oración es una recta. Construyeron el parqueencima de un cementerio hindio. Otrosí digo, el remito es un remo chiquito. Con el tiempo, el agregado de las susodichas circuncisiones dio lugar al patrón rektangular que aktualmente caracterisa la mayoría de los estados. Estado civil casado/a/soltero/a/viudo/a make a circle around the rite unswer   h

Los rectángulos me persignan:
la grilla
mis bloques
la planta de mi edificio
la puerta
las ventanas
los nódulos de Ikea
el filo de los libros
el piso de la pieza
los listones del parquet
    estrangulándome

indelicadamente

Claudio Iván Remeseira

el rectángulo donde caerá mi cuerpo

resucitado por los gusanos

en el esplendor perenne de la ierba

El ojo masturbándose
saltando por el paisaje
buscando el límite que lo defina
pero las rectas no sobreviven en la naturaleza.

De lo hondo del bosque, entre la niebla,
suena la llamada del zorzal
trinando solito el límite de la vida
ajeno a las agrimensuras,
circulatorio.

Saltando de una en otra
rama
jugando
a
la
rayuela

en la niebla

porfirianamente

Y en cada cara que me cruza
porfiando las marcas de la historia
el sexo soliviantando taxonomías
desarreglando los estantes:
la circulatura del rectángulo.

16

7.

Vinieron
a ser lamérica.

caminando desde la noche asiática
en barcos en aviones en fila
llegando.

La carcasa del primer hombre
precipitándose en el agua
simiente de todos los pronunciamientos
hasta el río que pasa ahí.

En el principio fueron los cadáveres
pudriéndose en el aire floral de la mañana,
los perros lamiendo la osamenta
de la viruela y el látigo.

Indios y vaqueros juegan a la mancha
en el jardín
hasta que mamá llegue

américa jardínea
sierpe siempre presciente
¿floreció ya el cuerpo que sembraste
entre las zarzas de tus brezos
???

Dio el plátano su arroz?
El algodón su vaca?
El tabaco su colación de aceros?
Corrijióse el maíz con los nopales de la doctrina?

Claudio Iván Remeseira

　　　　　　　　　　　refregándome tus tetas flotantes
　　　　　　　　　　　dándome besitos en el pico

Melteo de potajes, ensalada mixta
criollaje mulato mestizándose
en la verde ignífera penumbra
gringo grasa corréte un cacho
cachondo cachirulo revolviendo los juguitos
delisssiossssamente
pasa grifa caña
el guiso está servido
en carne blanca los dientes negros
ñam ñam

Hagamos la digestión honestamente
de pie en frente del auditorio.

Excreto mi llama en tu solitud,
decreto nuestro común estómago
envueltos en la misma bandera de hierba.

¿Quién puede decirme con qué gas
de qué sopa de letras, en qué orden
se dibujan mi nombre y tu apellido?
¿Quién levantará el dedo para acusarse
(género, especie, individuo)
se llamará a silencio?

Quién puede decirme si copié la receta equivocada

　　　　　　　　　　　　　　　ESO ES AMÉRICA

América es un contenido que se extiende
desde la punta de mi pelo hasta las uñas de tus pies
Montañas, ríos, lagos y llanuras

18

desiertos playas salitrales
gargantas terrenales torres de piedra
desafiando a las nubes y a la sima
no son nada
Sólo tú
microbio macroscópico
Sólo tú
deambulante aturdido
por calles de sonido y de furia
Sólo tú
bolero cosmológico
Rojo amado hermafrodita
en construcción
Un gramo de tu carne
es más hondo que todos los paisajes

Lo demás es tuyo, demócrata Neruda.

8.

(Gen 1.1, San Juan 1.1, Declaration of Independence)

In principio (Verbo) nos populus
alumbrándonos en la inanición
(terra autem vacuitas) desertando (también)
los pasados (la Historia) en el espejo (lux)
to form a more perfect union
raíz (la tuya) de toda exponencia
dicha veritas (auto-evidente) ablacionándose
(abstracción) hasta el hueso (absoluto)
Declaramos fundado el tiempo y todo lo que contiene

Claudio Iván Remeseira

Generá

    ndo

       nos

     IN MA CU LA TI VA MENTE

Empaquetados

    a l

    v

    a

    c

    í

    0

               de espalda a los manuales

comiéndonos la nuez de Adán
el ritual parricidio
(No me Pisen, dijo la serpiente)

¿Y para dónde ahora el pie próximo, la sutura?

Marchamos en este valle las sombras   Cuarenta años y mirá, mirá
                                          [qué viejo estoy

(In Paths UntroDDDen)   yirando por calles absortas.
                                           [Cuarenta

¿No ves, acaso no ves   cartones pintados y este sol
                                           [de arena

el esfuerzo de cada cosa por volverse luz

el largo agonizante parto

de los muertos?

de los inviernos, la nieve

barajándose en mis ojos

sin pábilo y sin humo

chán chán.

Inconsolada marcha las generaciones (quién es éste que sostiene
mi mano? ATENCIÓN alumnos!!!) madre padre hijo abuelo
multiplicando   el   dolor   del   concepto ,   preñada
p l e n i t u d d e l o p o r v e n i r

en   marcha

9.

¿Qué signo oh Cisne haces
Con tu corvo pescuezo?
¿O son estomacales
Turbulencias de escuerzo?

¿Comiste anoche algo
O es la metafísica
De tu vientre de galgo
Elucubrando tísica?

Tu dieta de gusanos
Se incrementa en la orilla
Mientras que a mis paisanos

Claudio Iván Remeseira

La ignominia los pilla.

Pues tu silencio blanco
En su espectral belleza
Más los hunde en el banco
De su muda tristeza.

¿Es que hace falta acaso
Publio Ovidio Nasón
Para obviar el fracaso
De tu sorda canción?

Oh pájaro impasible
Reproduciendo inmune
La parodia risible
De mi silencio impune.

Brumas septentrionales
Me penetran el alma
De ecos meridionales
Que mueren en mi palma.

Un águila feroz
Me aprieta con su garra;
Ay, si hubiera una hoz
Que cortara esta amarra.

¿Eres Aguila o Cisne,
Gallina o ruiseñor,
Oh plumífero insigne,
Espejo a mi dolor?

¿O soy yo que imagino
La curva de tu cuello
Que acecha al Peregrino

Ñuórk!

Con la voz de degüello?

Dime, dí pajarraco
En tu lengua grotesca.
Si el cogote bellaco
Interroga a la gresca.

¿Tantos miles de seres
Hablarán en inglés?
¿Pasarán menesteres
Para callar después?

¿Somos el estertor
Postrero de un caduco
León, el yermo clamor
De un vencido Nabuco?

¿Es la Aurora o la Noche
Que despunta en el alma?
¿O es mi propio reproche
Lo que abroga mi calma?

Si acaso tú pudieras,
Sacerdote del lago,
Si acaso acariciaras
Mi frente con tu halago,

Sanaría esta herida
Que se ha abierto en mi pecho,
Volvería la vida
A florecer su helecho.

Más en cambio es un garfio
Tu vertebral pregunta
Y es níveo el epitafio
Que en ella me sepulta.

Claudio Iván Remeseira

10.

Cantar quién puede cantar cuando la tarde exprime
su Julio de sepulcros contra la piel, cuando las bocas
están llenas de arena. ¿No viste el último noticiero, la feria de los
miserables,
las ojeras violadas de la degradación? Un espejo rojo
me niega el rostro, pero mis ojos
vienen tramando su venganza.

Con tenazas de teflón me arrancaron la lengua
y quedó, sobre el mostrador de las carnicerías,
hasta que un viento agrio le pustule la sangre.
Mi palabra podrida, la envuelvo en papel de diario para vos
(John Gotti en el Daily News resucitó entre los muertos
Y viene a salvarnos sobre un himno de flores)

Y cuando digo Yo digo Vos
porque el que escandaliza a la más ínfima de mis criaturas a mí
me escandaliza, y mi Furia
desatará tormentas sobre la Tierra.

No pido disculpas, no pido permiso
entro y empiezo y digo lo que tengo que decir
no me importa que moleste a alguien, que me rechacen;
hace mucho empecé, y voy a seguir hasta que acabe.

El color de la piel, los cantitos, las palabras
son la apariencia de la similitud.
Algunos están más cómodos en sus casilleros,
cobran la regalía de las diferencias
medran con la separación,
pero a mí me incomodan los parámetros,

Ñuórk!

las clasificaciones. Repudio
las definiciones de los claustros,
los límites inocuos del redil,
escupo los caramelos que los versificadores regalan a la audiencia,
los ignoro. Mi pan es agrio como la leche agria,
se cuece en gusanos, su levadura
es la saliva de tu boca.
Voy, y si el marco de la puerta es estrecho
derrumbo la pared.

Soy una caña abierta en las dos puntas,
todo pasa a través de mí.

Con esquirlas de voces
levantaré mi casa sobre tu ausencia,
dejaré la puerta abierta a la noche. Extranjero
en la ciudad quebrada como tu lengua, ajeno
en todas partes ¿quién puede hacerme daño?
El asesino que trepa por las escaleras nocturnas
no me lastima más que tu silencio.

Canto a la tierra yerma que me escupe sus hijos,
a la multitud sonámbula de las ciudades
a la prostituta que comparte su condena en un zaguán
a la madre de pezones de arena
al triste colgado de una aguja
a los sedientos de curiosidad
al obrero cansado, al jornalero que se quema los dedos con la escarcha
a los enfermos, los deformes, los desesperados
los despreciados, los que llegaron tarde
al niño que aún no aprende las primeras letras
lo mismo que al letrado
a los que muerden el hierro del insomnio
a los que duermen, a los que siempre están volviendo
a las mujeres y a los hombres, a los amantes

y a los abandonados
a la progenie de las islas y de la tierra en fuga
a la muchedumbre satisfecha de los estadios y de los moles,
materia prima del planeta.

Fundámonos en el fuego de este amor,
alabémonos en nuestra miseria, aunque la Tierra
gire en falso, aunque los astros
nos ignoren en su brillo.

11.

(A Emma Lazarus, que murió joven.)

Madre de los exilados
apenas más grande que los suvenirs que venden por dos pesos en la calle
    Canal
¿qué verso lloran hoy tus labios mudos?
Los burócratas de tu guardería
ya no trazan cruces de tiza en la solapa de tus hijitos
pero ladran igual, perros azules del pasaje.
No importa, me dirás, es sólo un trámite
pero yo sé que tus ojos de cobre derraman espuma en el crepúsculo.

Oh mundo antiguo, dame
tus masas abigarradas, sudorosas, sucias
tus hombres tus mujeres tus pesadillas de todas partes
resumidas, reunidas, amontonadas
negadas, espantadas, empantanadas
Dame tu esperanza trémula, atravesada
con un palo de escoba por látigo
cargando sobre tu espalda el peso de los rascacielos y los suburbios,

enormes como tu desesperación.
Humanidad, Oh humanidad
contada por colores, olores, cocinerías
restada, dividida, hecha uno
sobre el papel de estraza de las encomiendas.
Uno, sí, átomo, semilla, gen
tirado por el flujo de las edades sobre el cemento
condenado a no crecer, a morir y multiplicarse.
Soy el Leviatán de los demógrafos,
la masa esperanzada de los arrabales del mundo
volcándose sobre tu puerto. Oh Roma Oh Imperio
Soy el negro africano, el mulato de los monoblocs
el apache boricua, el indio de las islas
el asiático de pies partidos
el mestizo de todas las pieles, de todos los continentes
el paria del universo
la mesera insomne, el pintor que come sus pinturas en algún sótano
el escritor frustrado, sin papeles
la trompa inflada de los borrachos
el obrero de las alturas
la puta de los tugurios
el chongo asoleado de las plazas
el dealer incrustado en las esquinas
el nadie de ninguna parte
la sangre abochornada, mezclada, sacudida
en el bols de plástico de Martha Stewart.

Madre de los exilados,
señora de la antorcha de la luz presa,
libérame de tu libertad. Tu puerta dorada
me enceguece. Dame la luz de tu redención
redímete de tus amos, de los que degradan tu nombre
poniéndole estampillas a los besos, de los especuladores
que mezquinan el precio del oxígeno.

¿No es acaso esta escoria el combustible de tus hornos?
¿No sueñan con lustrabotas los parques de diversiones?
Si no hay fronteras para el dinero ¿porqué marcan a mis hermanos
en las góndolas del supermarket?

Madre de los exilados,
tus hijitos lloran por el mundo
y nadie corre a su lado a subirles la cobija.
Vienen acá, se amontonan ante tu puerta
pero la puerta es estrecha y no hay lugar para todos en ninguna parte.

Madre de los exilados, Virgen de cobre,
reza por nosotros. El mundo está muy lleno y redondo
y sobra desesperación. Danos tu leche vestal
para lavarnos los pies sucios del viaje.

12.

No te preguntes quién sos:
un compendio de la naturaleza,
arquitectura que se eleva provisoria
entre una piedra y otra,
la bacteria y el pájaro,
lo ínfimo y lo inabarcable.
Distancias, el tamaño, las horas
tan verdaderos como la noche.

Nariz

Ojo

Lengua

Oído

Mano

ÓrGanOs del AlMa.

Ñuórk!

Mis sentidos me expanden, me agrandan
el cerebro; este baño de luz
inundando las cosas
me ilumina por dentro
este ruido sin articulación
es mi propia voz
rompiendo mi cáscara,
atravesando los límites de la piel,
las casas, la frontera
donde yo y vos y el resto
nos confundimos.

Escucho y condenso:
a través mío pasan
todas las voces
los dialectos, los signos
la corriente eléctrica del verbo
que busca su objeto, la cópula
discordante, pararrayos
de la incongruencia.
Soy la referencia del pronombre,
el adjetivo que faltaba,
la partícula prepotente, el adverbio cambiado,
la cláusula a la deriva,
el significado promiscuo, preñando
su materia nueva.
Soy el glosario y el lexicógrafo,
la palabra y la letra,
el traductor y lo traducido,
el aliento transfigurado de tu frase,
la forma explícita de tu verdad latente.
Soy el supremo igualador:
lo alto y lo bajo están al mismo nivel,
el analfabeto es el maestro del docto,
la latitud se persigna en la longitud.

Claudio Iván Remeseira

Los libros escriben a sus autores:
lo que sé, tengo que aprenderlo de nuevo.
En los pedazos de este espejo roto
mido mi nueva imagen;
mi lengua lame al mundo y lo reconstruye,
da sentido a lo obvio.

Me levanto y me acuesto cada día
rutinario como el mundo
que se niega a desaparecer,
nublado, radiante, lluvioso, nevando,
el cielo y yo somos distintos e iguales
y tu nombre condensa todos tus estados
(mineral, vegetal, animal, gaseoso)
diferentes e idénticos
igual que el cielo
que el río
fluyendo, llegando y partiendo
siempre, regenerándose
siempre, incesante
naciendo y muriendo con cada segundo.
Los críticos abjuran de mi apariencia,
me dicen contradictorio, incoherente, repetitivo;
pero yo sigo siendo único como la mañana
como la tarde, como la noche,
miro a través de los cambios, de las edades,
y veo el mismo rostro, el mismo día,
intacto y satisfecho consigo mismo.

Y cuando llego a casa, después del paseo matinal,
el olor del café y de los diarios
son todo lo que necesito para ser feliz.

No juzgo ni acepto ser juzgado:

lo que soy, esta implosión del sentido,
se refracta en el catálogo de los seres
y la noche estrellada vibra sobre nosotros,
futilidad de las identidades.

Y cuando te pregunten quién sos, decí:
Soy el que aún no ha nacido.

14.

El perfume de las habitaciones de la casa
anticipa tu presencia. Del cajón de la cómoda
sube el aroma de tu cuerpo; en los estantes, las sábanas dobladas
tienen la forma de tus manos; las despliego, hago la cama,
me acuesto y te espero:
mi carne dócil, entregada,
se abre horizontal para tu abrazo.

Viniste;
y el aire que moviste
tras tu paso
me despertó la piel.

Tu suspiro temblará en mis labios,
tu aliento en mi aliento, tu lengua y mi lengua
retorciendo sus sinuosidades, humedeciendo
el nombre que no diré. Como arcilla
me quebraré bajo tu cuerpo,
dejaré que corra el perfume,
el aroma dulce de tu beso.
Retiro mi rostro de tu calor:
tu mirada me quema, me penetra,
me celebra en tus contradicciones.

Claudio Iván Remeseira

No soy nada: sólo la sombra de tu paso,
la luz reflejada de tu llama.
No soy nada y soy todo,
soy polvo diferido de un ocaso.

15.

...el mundo, oración interminable
sin comienzo sin medio sin final
mero flujo de objetos, sensaciones
que sólo une la mirada

des-
cua-
jér
ing
ánd
om
e

cohnh lohsóhjhohs ahbhsohrhtohs dhehlh crhohnhihstah

fluyo en el aire, soy el aire
que rodea y penetra cada cosa,
ausculto cada bolsillo, el vello de las entrepiernas,
la forma del abrazo, la carne latente
bajo los disfraces. Soy el beso que espera
entre dos labios, la caricia nonata,
los dedos que aprietan otra mano,
el vaso lleno de licor, el reflejo
del sol en las ventanas, el rasguido
de las ruedas contra el asfalto,

Ñuórk!

el sudor que pega la camisa a la espalda,
la calvicie en el techo de los cráneos,
los pezones erguidos bajo la tela,
los ojos y la cintura y los pies,
cuerpos que pesan entre dos silencios.

¿Quienes son estos cuerpos que transcurren
estas voces sin nombre, pululando
sobre el metal de fuego de la calle?

Dame, calle, tu río de colores
y tus olores chamuscados, y tus chirridos
y el grito de los cuervos y el humo tibio de tus cocinas subterráneas
y tus cartelitos verdes
y la progresión aritmética de tus esquinas, prolongándose hasta el infinito
y la sorpresa de tus diagonales
y tus héroes de plaza que duermen de pié su olvido de bronce
y tus cementerios empañuelados
y tu intemperie marrón
y tus veredas inhóspitas, sin perros vagabundos
y tus heraldos negros que se quedaron dormidos bajo la nieve
y el rayón amarillo de los narcisos en los bulevares
y tu oasis escueto de mesitas en la vereda
y tus meseros mejicanos
y la tipografia reumática de tus toldos viejos
y el violeta gritón de tus arregladoras de uñas
y tus árabes y tus hindúes y tus chinos y tus rusos
y tus tachos de basura encadenados a la escalera
y la falacia gótica de tus fachadas
y el judío perdido en el siglo dieciocho
y el pastor brasileño que reza su biblia estructural en maya
y la progresión geométrica de tus cadenas comerciales
y los borrachos despatarrados de los umbrales

y tus gordos hemisféricos
y tu salsa ketchup y tus papas fritas y tus hamburgers
y tus fruterías y tus esquinas perfumadas de flores
y tus acantilados de hierro y de cristal
y tus patios enjaulados
y la lengua verde de tus parques lamiendo al aceitoso Hudson
y la fila obediente de tus puestos de diarios de plástico
y tus caribeños negros que sueñan en francés
y tus caribeños pardos que muerden español
y todos tus extranjeros de ninguna parte
y el inglés de los huesos
y los huesos carcomidos por el inglés.

mheh dhahs sihnh qhuheh teh pihdhah
cuhahnhdhoh teh pihdhoh nhihehghahs

16.

Vengo entre paredes de silencio
amurallado entre palabras ajenas.
El río rumia atrás inadvertido
soñando con canales y avenidas monstruosas
y en la ancha ajena calle es una sombra
el otro propio río.
Por el camino ancho
la muchedumbre extraña fluye en mis oídos
enciende candiles a sus muertos
baila sobre mis fantasmas.
Varado en la ribera de este sueño
para qué hablar. Yo también estoy muerto.

Ñuórk!

El limonero que plantó mi abuelo en
Sáenz Peña tenía unos limones chiquitos rugosos
agrios. El olmo es más noble. El olmo
se yergue judicial
en la esquina noroeste de la plaza y
atrae todos los rayos de las tormentas puritánicas
igual que hace trescientos siglos. El olmo
es más noble. Pero huelo el limón
aquél, quisiera olerlo
tenerlo otra vez en mi mano. De este alto olmo
colgaban los condenados. El limón
el limonero que plantó el gallego
daba su tortuosa sombra
cantaba al sol
se hundía hasta la tierra materna
leche agria de la memoria.
Florece el limonero sin poder
evitarlo, me pueblan sus raíces
negros, cortos, firmes trazos
sobre el papel en blanco
filosas raíces de la distancia,
me abrasa entre sus ramas
y en la rama del olmo está la soga
y de la soga en punta cae mi nombre.

Yo, Claudio Iván Remeseira,
el hijo de Hilda y Luis, el nieto
de Eladio y Rosa y Emilio y Haydée
sangre fertilizada a la intemperie
espermatozoide enajenado buscando al quieto óvulo,
el olvido. Simulacro de amor, sombras
de un mundo náufrago
apareándose como perros
bajo el techo esquivo de la noche.

Claudio Iván Remeseira

De la caverna helada hasta este helado invierno sobre el techo del mundo
primero en mi progenie soy que no surca la tierra, aro renglones
con palabras por fierro. Oceánica distancia
del aullido a la voz, y en la alta deriva
deshilvanando cantos en un aullido nuevo
estoy. Venganza de voces enterradas, estupro
de las filologías.

17.

ciudad de brillos infinitos
multiplicándose, ramificándose
sin dirección, carnaval de espejos naufragando al ojo

Cada imagen pide su palabra,
la redención del sentido;
pero la lengua me pesa como una rama vencida.

No hay catálogo que te abarque:
tu voz va más rápido que mis manos,
tu cuerpo se arrastra más allá de mis ojos.
Me abruma este dictado, esta duplicación inútil.

No puedo seguir: las palabras se ahogan en mi garganta
aún antes de nacer.

¿No será ésta la mayor soberbia, el pecado
sin absolución? Callar,
calle sin salida.

Bajo la escarcha, donde la tierra duerme,
se clava esta cruz de palos azarosos

Ñuórk!

sosteniendo una arpillera frágil
que flota en el viento.
Bandera de una causa derrotada,
metonimia amorfa de la desolación.

Claudico mi cabeza de paja contra el hombro
de madera, sin ojos, sin boca, sin color,
cubierto por la escarcha,
vacío de deseo, sin resistencia.

El viento que una vez transfiguré en sentido
sacude ahora mis hilachas, me mueve
sin motivo, inclina un poco más mi esqueleto
unido apenas por dos vueltas de alambre.

Maldito Dios, que me diste la lengua y el cerebro,
la duda y el placer
insaciable de la pregunta.
¿Es tu risa lo que escucho en el viento?
¿O es sólo el viento, la nada que nos mece,
el vacío inconsciente que rodea a las cosas?

Maldito Dios, que me olvidaste en esta tierra oscura,
que me alumbraste y me dejaste solo.

¿O es este mi castigo, mi penitencia?

Siento el rumor del viento
que mueve mi esqueleto
clavado en la tierra.

O es mi voz,
¿preguntando?

Claudio Iván Remeseira

18.

Ese que veo ahí, impregnando
la superficie acuosa del vidrio,
ese que me mira sorprendido, casi con horror
(horror es quizás una palabra demasiado grave,
pero es un sentimiento que comparte
la raíz del horror), tratando de ajustar
la imagen de sí mismo
en los rasgos ajenos
del que está parado
ahí enfrente
Ese
rostro barroso
bajo la conciencia gris
desprendido hace tanto
(¿cómo, cuándo?)
de la inflamada cáscara de la promesa;
ese fruto gastado, horadado
por dos cuencas sin brillo,
la sonrisa arrasada
por los paréntesis de la amargura,
esos hombros pesados
empujando hacia abajo la masa informe, corrupta,
de huesos y grasas y engranajes
vencidos, la cintura expandida
derramándose sobre el cinturón,
señalando a otros cuerpos
todavía fragantes
que pasan por (que iluminan) la calle
el opaco anuncio de la decrepitud.

(Entrañas pudriéndose en secreto:

pulmones, sangre, bilis,
cobrándose la cuenta atrasada
de la juventud.)

El último análisis me ha dado
que tengo todos los valores
por encima del límite.
Los triglicéridos —qué palabra tan
fraudulentamente majestuosa—
son el mayor peligro. El médico
ya me ha dicho
que tengo que empezar a tomar pastillas.

Si fuera tan fácil,
si hubiera una pastilla que borrara el fracaso
que justificara los márgenes
de cada línea,
si las palabras dichas y pensadas
cuando el futuro era un papel en blanco
no fueran esta mancha imprecisa, este presente
incorregible.

Ese extraño me exige que lo mire,
sostiene mi mirada, no como quien sostiene una mano
al borde de un pozo, ni con el ardor
del deseo o de la duda; me mira simplemente
con el fallo inapelable de las superficies. La evidencia espectral,
este lábil reflejo
es de alguna manera más real, más severamente concreto
que el cuerpo que lo imprime,
una voz sin máscaras diciendo: ésto es.

A la sombra del puente
los gajos recesivos de la noche
iluminan por fin

Claudio Iván Remeseira

mi rostro verdadero,
la imagen grosera
de la equivocación.

La noche echa sus sombras sobre mí también,
hermano en la tiniebla,
gemela ansia sobre el pozo oscuro.
¿Qué sinuoso dios fue el propósito de nuestra revuelta,
la torre del anhelo sepultada en tu vigilia?
Hoy somos sus escombros, yacemos
de pie, condenados a no ser más que su cumplimiento,
la revelación implacable del despertar.

Ya no te engañan los elogios de la platea:
ellos no saben, no pueden ver
el corazón podrido de la manzana,
la verdadera actuación, la que repetimos
cada vez que se apagan las luces,
que las butacas quedan vacías.

Todas esas magníficas palabras
devaluadas en arrogante aliento,
aire mancillado por la meliflua voz
del ventrílocuo, hipócrita al asecho
tras el disfraz del discurso.

Los pensamientos grandilocuentes
la generosidad mentida,
las imposturas de la sensibilidad,
la torva magnanimidad de la envidia,
no han sido nada más
que las secreciones de la indigencia,
la confirmación
de tus miserias.

Ñuórk!

He profanado el aire que respiro,
he traicionado todo lo que un hombre
puede tener de sagrado:
he dilapidado mi herencia,
he defraudado a los que creyeron en mí,
he abandonado a los que me necesitaban,
he mentido, he hecho trampas en el juego,
he usado a los otros para mis propios fines,
he sido violento, he deseado a quien no debía desear,
he sido cobarde, he enterrado mi cabeza en la arena,
he sido complaciente con cada una de mis debilidades
e implacable con las debilidades ajenas,
he cometido todos los crímenes
que un hombre puede cometer (ningún mal es inimaginable)
he aspirado en falso,
he malogrado mis días,
no he dado el fruto
que soñaba dar
y lenta, implacablemente,
he recibido mi condena:
al final me he podrido
en esta mueca informe,
ese extraño.

Such a result so soon—and from such a beginning

El Perro observa mi corazón
En el platillo: la pluma
Tiene que pesar más.
El Ibis me pregunta:
¿A quién debo anunciar?
Y yo: sólo di, por favor,
Que mi nombre está justificado.
El rugoso correr de la pluma
arañando la piel o el tejido

simulaba la garra del tiempo,
la corriente del aire infiltrando
sigilosa los huesos, y la tinta
dilatándose, afinándose con estilo
o ensuciando los márgenes,
la turbia consistencia del comienzo.
Hoy en cambio soy este rumor muelle
donde se ahoga la metáfora,
las teclas cediendo a la presión
de mis dedos, las letras,
lábil sombra eléctrica sobre la superficie
líquida, borrado pentimento, el viento
atracado en la pantalla.
El escriba perdió sus muletillas:
tiene que recordarse a sí mismo
que en la engañosa frialdad del plástico
duerme el largo gemido de los dinosaurios.

(El Ibis me mira sin misericordia,
apunta su pico a mi caparazón.)

Siento el rumor del río expandiendo la tarde,
mi carne urgida por tu bendición.
Pero somos esta sinuosa huella en la arena,
la orilla recesiva del sacrilegio.

El río dice mi nombre
pero no entiendo su idioma.

A veces pienso que partir
fue demasiado conveniente,
que siempre estuve lejos de los demás,
aún de los más cercanos,
que la geografía es un subterfugio
de la impotencia,

la emanación de un ser indigente,
tortura autoinfligida
de amor faltante.
A veces pienso que uno elige
donde caerse vivo,
porque la muerte silba demasiado cerca.

Tanto vivir para después volverse
esta estatua salada,
esta sombra impar. Cuarenta años
y este desierto,
el infierno de hielo
de la separación.

19.

Un viejo ciego
tanteando sus pasos por el medio de la vereda
con el bastón clavado en el aire
como una espada. Qué loco, pensé,
va a lastimar a alguien. Me acerqué
y le pregunté adónde iba. La 143, me dijo.
No puedo acompañarlo, le dije,
pero puedo dejarlo más cerca de la pared,
y lo tomé del brazo. ¿Porqué
me aprieta el brazo? me dijo,
de mala manera. Yo quería ayudarlo,
le dije, arréglese solo, y me fui. No
me dio lástima, me dió bronca
viejo estúpido, perdido
en medio de la calle.

Claudio Iván Remeseira

> El ripio de los cuerpos
> rebotando contra sí mismo,
> inanición gratuita del espejo
> reflejo compuesto hasta el infinito
> incommunicado
> de un dios que masturba al universo
> desprosódicamente
> sin RemoRdimiento ni felicidAd

Si la proximidad de dos cuerpos. Vivo en la 72, nunca subí hasta allá arriba. Aseguro se lo llevaron preso. Desde que vivo acá, cinco que me acuerde; a dos los mató la policía; otro fue una pelea de gangas; a otro le clavó un cuchillo un chorro; vino la televisión; el otro en realidad no sé si se murió pero estaba tirado en la esquina en un charco de sangre; se lo llevó una ambulancia. La televisión es una mierda: Les hablás en español y te contestan en inglés. Fricción es la resistencia ofrecida por el movimiento de un cuerpo cuando entra en contacto con otro cuerpo. Hispanic white. El middle pasaje stá siempre en el miedo. Cinco años es mucho tiempo sí. *Queashé che!!!* Lo mandó a la puta que lo parió. Hasta que te conocen. Esto es todo lo que podemos pagar, un ambiente y gracias. Al comienzo me daban miedo los negros, después. Quiubo. Isla flotando lagartija. Cincuenta a la mañana. El exceso de fricción produce calor, que a su vez produce la expansión y trabamiento de las partes móviles, con la consiguiente; ruptura de la maquinaria. La distancia entre dos puntos es. I'm here to see Mr. Stairs.2da. escalera a la izquierda. Cuando dicen Excuse me en realidad quieren decir ": corréte que ahí voy." She is off for the day. Off lo usábamos para los mosquitos. Dijo que la llame en un mes. Fornitura El Mundo, forúnculo culeadípedo. La lubricación es importante para evitar la fricción. Suave. Sin inglés no llegás a ninguna parte, yo estoy estudiando en Riverside Church. Acá te encontrás con gente de todo. ¿Dónde vivías en Buenos Aires? Es un asco, escupen todo el tiempo. Esos vienen acá por el welfare noesasíestasequivocádo   Claro que extraño, pero no eso. ¿Qué tiene de malo ser mozo? La fricción depende de la magnitud de las fuerzas que

Ñuórk!

sostienen a un cuerpo.unido. La llamó para atrás casi se cae, mande. Pero todos tenemos los mismos genes. Hwl   How   Awe. as líneas representan   el   límites   de   los   cuerpos   quelojo   puede abarcar: p   unto y ap art e

Desmensurable distanciación
multiplicada en cada desencuentro
de las erres en el papel
entrelíneas
mirándome con ojos sordos
quién cómo cuándo dónde
repicándome su huída en el espejo

Walking City

Could we do that

again? I know

don't want to
for   *survival*

go through life with
I

be an ant

you know I mean

it's like   *we*

all action basically
we haven't met but

ant autopilot stop go walk here drive there bouncing

off our one antennas

another, continously

buzzing along in
an efficient polite manner

45

Claudio Iván Remeseira

Here's your change
Paper or plastic?
Credit or debit?
You want ketchup with that?

                                                    NEXT!

invisible línea divisoria
cuadrando la geografía de los físicos
marcando el número equivocado

Me sangro en esta solitud
por las alcantarillas
en cada rectángulo de tu ferocidad
en cada boca abierta frente a la pantalla
desde la cuadrícula de los pisos
hasta la grilla de mi fragmentación
aplastado por el concreto ciego de tus fachadas,
despalabrado

                                    Yo también cometí
                            el más común de los errores
                            tomar mi propia licuifixión
                            como un incidente particular

                              Yo

                              Yo

                              Yo

Y   O

46

Ñuórk!

aplazado
por la demoniosa mensidad
de mis calles vacías

estirpado del tronco

en el rigor mate de estas cuatro paredes.
Todas mis ciudades son iguales.

Una pared blanca
es una pared blanca

en todas partes

y una puerta negra

al final del pasillo

para qué
para
qué para
qué

Ya no me tengo más. Ya   no me tengo

las casas los relojes los cuadernos
perdidos

sólo la sombra   arde

         vaciado de mí

sólo mi sombra

Claudio Iván Remeseira

me abro

YLAMAÑANA

Una mujer
en el marco
de la ventana esa
fumando sola
levanto la cabeza y la encuentro
por casualidad
sin tocarse los ojos
confirmándonos
sólo por estar ahí
ella da otra pitada al cigarrillo
mira la calle
como si no buscara nada
yo sigo caminando
sin mirar para arriba
pero una rara seguridad
ha llenado la ventana
la calle
el paseante
la mujer que fuma
aunados por la tangente
de ese mismo trivial desconocimiento

MI PENITENCIA DEBO A MI DESEO

yo soy
yo sufrí
yo estuve ahí

y te ví desangrante contra el cordón
y no me moví

porque la geometría del dolor no tiene adverbio, color, división política:
SOY YO:

20.

Y sin embargo un beso
se presiente en la mirada cortante de los que pasan.
Me arrastro hasta la capilla ardiente de tus bares,
hurgo a lo perro la basura de tus esquinas.
Aleteo lúbrico, bailando como una joya falsa en tu ombligo,
anticipando el ajetreo nocturno de los sudores
cuerpos sin cara chocando en el silencio sólido de los roperos.
Lava mi lengua el fuego de tu carne,
abre el ojo rosado de tu esqueleto,
resbala, pica, hurga
la cúpula rosa de tus dientes
la pringosa caverna donde duermen los fetos,
la tranquera marrón. Me crezco de puro vivo
alimento frugal de las palomas
ardor de sangre y semen
hecho charco inerte entre dos estómagos.

[En una pieza oscura me iluminó tu cuerpo
esperé en vano la redención. El taxi te lleva a casa,
por un instante morimos juntos]

Claudio Iván Remeseira

21.

¡Impertérritas soledades!
¡Ducha de fuego sobre mis pústulas hirvientes,
pira arrasando el borde del cuerpo, las memorias!
Dos veces nacido contra tus calles, monstruo de urbana infinitud,
bajo un aguacero de reptiles asesinados.
Llueve, llueve sin límite,
llueve como un océano invertido,
como sólo puede llover cuando estás solo.
(La tarde germinal anticipa la noche,
la noche a la mañana, para siempre.)
Hoy no vas a morir. Hoy
en la parte más alta de tu noche
un relámpago te arrancará los ojos
la calle se abrirá sobre tus pasos
los muertos que te montan
se levantarán para la cena
rumor de borrosas matronas
murmurando de negro, mugido
de calles bombardeadas, clamor
de los estadios, llanto
de recién nacidos, remolino
de voces y granizo derramándose en
millones de bocas,
millones de cucharas
cayéndose
por las alcantarillas,
hundiéndome,
pisándote,
rota cáscara de arcilla
bajo el cielo fosforescente
entre los crujidos de la Tierra.
Gloria al hombre en los cordones de la vereda,
Gloria a la mujer dormida en el subterráneo,

Ñuórk!

Gloria al hermafrodita eterno de los altares.
Germinado de noches asciendo desde tu oscuro vientre hasta la luz
hasta el peligroso vértigo de las catedrales.
Soy hombre hecho Dios
y las multitudes me aman a su paso
me abrazan con su indiferencia
me lamen con su múltiple ojo
me orinan con su sangre
me elevan hasta el sudor de tus sobacos triunfantes.
Olor de antigua muchedumbre,
sacra anonimia de lo Uno.

Zompopos
El libro es un Zompopo

Ñuórk!

de **Claudio Iván Remeseira** se terminó de editar y diagramar en diciembre 2023, en New Hampshire. Esta edición estuvo al cuidado de Keiselim A. Montás, de **Élitro Editorial del Proyecto Zompopos**.

Élitro Editorial del Proyecto Zompopos

El libro es un Zompopo - (*The Zompopos Project*)

New York – New Hampshire

Otros libros de Élitro Editorial del Proyecto Zompopos:

Amor de ciudad grande (poemas, 2006)

Allá (diario del transtierro) (poemas, 2012)

Cuando el resto se apaga (poemas, 2013)

Islamabad queda al norte (poemas, 2014)

En sus pupilas una luna a punto de madurar (poemas, 2015)

Como el agua (colección de Haikus) (poemas, 2016)

LikeWater (A Haiku Collection) (Poems, 2017)

Hacia Yukahú (poemas, 2017)

ANAGAMI (poemas, 2017)

RETURNING FROM THE UNDERGROUND (Novel, 2017)

MUESTRA Z (compilación editorial, 2019)

Translation: The Shared Art of Writing Backwards (ESSAY, 2019)

VERSOS LIBRES POR VENECIA / *Free Verses Around Venice* (poemas / *poems*, 2019)

EL JARDÍN DE LOS NUEVOS LECTORES (infantil, 2020)

EL LIBRO DE LAS NUEVAS AVENTURAS (poemas, 2021)

Todos disponibles en: http://editorialzompopos.blogspot.com/

El Proyecto Zompopos: Este proyecto promulga al Zompopo (hormiga corta hojas / *atta cephalotes*) como un símbolo de cooperación entre los humanos y nuestro medio ambiente, identificando intereses comunes en necesidades, cultura, lenguaje e ideales. Propone un autoexamen de nuestra cotidianidad y una revisión de nuestras formas de consumo para dar nuevos usos a objetos que normalmente desechamos.

The Zompopos Project: *This Project champions the Zompopo (leaf cutting ant / atta cephalotes) as a symbol of cooperation amongst humans and our living environment by finding common ground via needs, culture, language and ideals. It proposes a look at our daily lives and a revision of our modes of consumption in order to find uses for objects we would normally discard.*

Printed in the USA
CPSIA information can be obtained
at www.ICGtesting.com
LVHW091528211223
766988LV00075B/3595